AF339626

LES
DEUX POLITIQUES

Lettre à un ami de Province

Par M. Léopold de GAILLARD,

Conseiller d'État.

CARPENTRAS

IMPRIMERIE P. TOURRETTE, AVENUE D'AVIGNON, 39.

1877.

LES DEUX POLITIQUES

LETTRE A UN AMI DE PROVINCE

I

Vous me demandez avec insistance, mon cher ami, ce qu'on pense à Paris et ce que je pense moi-même des événements qui viennent de s'accomplir. Je ne puis vous refuser cette satisfaction, bien qu'à vrai dire, il pourrait sembler plus utile, en ce moment, de savoir ce qu'on pense et ce qu'on prépare en province. C'est elle, en effet, c'est vous et non pas nous qui allez tout décider, puisque la question doit inévitablement se terminer par les élections générales.

Ce jour-là, vous le devinez, Paris sera la moindre de nos préoccupations et des vôtres. On ne peut guère espérer, en effet, que la capitale voudra traiter la France mieux qu'elle ne s'est traitée elle-même en se donnant le conseil municipal que vous savez. Mais laissons là le Paris électoral dont vous ne vous souciez guère, et ne voyons que le Paris politique dont vous vous informez, le Paris centre des affaires, des partis et du gouvernement. Ce Paris a été coupé en deux par l'acte de vigueur du Maréchal. D'un côté le gouvernement, de l'autre la coalition monstrueuse de ses ennemis, depuis M. Thiers jusqu'à M. Bonnet-Duverdier (1) Le gouvernement a parlé et jusqu'ici bien parlé par ses circulaires, et mieux encore par ses actes. La coalition parle chaque jour par ses journaux, ses députés, ses sénateurs, ses fonctionnaires révoqués qui multiplient sur tous les points du territoire les bruyants échos de leur déconvenue. On crie furieusement au

---

(1) On sait que M. Bonnet-Duverdier a été condamné à 15 mois de prison et 2,000 fr. d'amende pour outrages et menaces contre le maréchal de Mac-Mahon.

coup d'Etat ; mais la preuve qu'il n'y a pas même apparence de coup d'Etat, c'est précisément qu'on s'en plaigne si fort. Au lendemain de ces journées qui s'appellent le 18 brumaire ou le 2 décembre, on n'a jamais entendu pareil vacarme.

Il faut donc renoncer au mélodrame, si cher aux imaginations françaises, et se résigner à ne voir dans l'acte du 16 mai qu'un simple incident de politique constitutionnelle. Réduit à ces proportions il reste encore assez gros pour contenir toute une situation nouvelle. C'est cette situation que je voudrais essayer de dégager devant vous.

Et d'abord, quels sont les griefs qui ont motivé la détermination du Maréchal ? Cette détermination si longtemps attendue et que plus d'un impatient d'hier devenu pusillanime au lendemain a trouvé peut-être prématurée, était-elle juste, nécessaire, provoquée ? Laissons aux faits le soin de répondre.

II

Sans se faire accuser de vouloir égarer ce débat dans les nuages, on peut rappeler que le signe certain du progrès de la Révolution chez un peuple, c'est l'affaiblissement de l'autorité. A vrai dire, c'est là le mal du siècle ; mal auquel on n'a su trouver jusqu'à présent qu'un remède, souvent pire que le mal lui-même : la dictature.

Depuis que l'autorité ne cache plus ses origines dans le ciel d'où le poids de ses fautes l'a précipitée ; depuis qu'on a coupé un à un tous les liens qui la rattachaient à nos plus intimes traditions nationales ; depuis qu'elle est sur la place publique, livrée aux huées, aux discussions et aux suffrages de la foule, on peut dire, non pas seulement qu'elle s'est transformée et amoindrie, mais qu'elle a cessé d'exister. En vain a-t-on essayé, soit de raviver la foi des aïeux en l'accommodant aux faits contemporains, soit de révéler une foi nouvelle, tout a échoué. Ce n'est certes pas une raison pour se décourager : mais en attendant il faut vivre, et, comme l'a dit le ministre de l'intérieur dans un aphorisme aussi exact que pittoresque : si l'on meurt de politique, on vit d'affaires. On s'étonne parfois de trouver encore tant de vitalité dans un pays comme la France qui a usé tant de constitutions depuis 89 : la raison en est simple, c'est que sous la diversité des intitulés et des formules, sous la contradiction apparente des monarchies et des républiques qui se sont succédé, la France de 89 n'a eu en réalité qu'un seul et même gouvernement : l'administration. Pour la seconde fois depuis la fin de l'empire romain, le monde a vu ce spectacle étrange : d'une part un pouvoir souverain fragile et sans cesse mis en échec, de l'autre des pouvoirs subalternes obéis et permanents. Nos mœurs, il faut le reconnaître, se trouvaient merveilleusement préparées à cette omnipotence des fonctionnaires. La France, qui était depuis Louis XIV une monarchie administrative, est devenue depuis la Révolution une démocratie administrée. Grâce à cette trame souple et serrée qui relie entre eux et qui rattache au centre tous les intérêts, l'unité française s'est non-seulement maintenue mais fortifiée. L'administration, c'est la machine qui continue à battre dans les flancs du navire et à le pousser vers le port, pendant que la tempête jette à bas le grand mât et fait rage sur le pont.

Eh bien ! c'est cette force latente de l'ordre, c'est cette réserve de salut public qu'on était en train de laisser entamer. Jour par jour et homme par homme, l'administration s'écroulait dans la politique. Assurer partout le règne de la majorité du 20 février, tel était le mot d'ordre. A cette condition seulement, les chefs de cette majorité consentaient à laisser vivre le ministère. Ce n'étaient pas seulement les places qu'ils demandaient pour leurs amis, c'étaient l'influence, les honneurs, la considération même, si elle pouvait se gagner par décret. Tout département comptait ses députés de gauche pour première autorité. Le préfet n'avait qu'à se soumettre ou à quitter la place. Que de plaintes de ce genre n'a-t-on pas entendues, même de la part des fonctionnaires les plus dévoués à la République ! M. Jules Simon, qui se vantait si haut de gouverner par lui-même et qui considérait comme perdu le temps qu'il passait à la Chambre, gouvernait à la façon du bon Jupiter, sous la main inexorable du destin, *inexorabile fatum !* Son *fatum* à lui était représenté par une trinité composée des trois groupes de la gauche avec lesquels il fallait négocier et se mettre d'accord pour la moindre affaire. Dur servage dont le ministre déchu doit au fond du cœur remercier le Maréchal de l'avoir délivré ! Besogne de Pénélope à lasser la patience même d'un philosophe, et faite en tout cas pour désorganiser en peu de temps toute la machine administrative !

Aussi la plupart des affaires restaient en panne ; et, dans plus d'un cas, cette inertie de l'action départementale était une chance heureuse pour les intéressés. De même que la direction ministérielle faisait défaut aux préfets, de même la direction des préfets faisait défaut à leurs innombrables subordonnés. Laisser aller, laisser passer, ne rien voir, rien entendre et rien faire, surtout contre le parti dominant, telle semblait être la consigne. Sympathique à la paresse, commode à la poltronnerie, elle se transmettait à voix basse d'agent à agent, et le plus souvent sans parler, par la seule contagion de l'exemple. On devine avec quel énervement de tous les membres et quelle détente de tous les ressorts ! Ce n'était pas un gouvernement de combat, oh ! non ! c'était le gouvernement de la capitulation préventive, de la capitulation avant le combat. Du haut en bas de l'échelle du pouvoir on rencontrait le même parti pris héroïque.... de ne prendre aucun parti, et dans le cas où l'abstention n'était pas possible, de ne jamais prendre parti contre les trois groupes. Le ministère capitulait dans les mains de la gauche ; les préfets capitulaient dans les mains des députés ; les maires, commissaires de police et gardes champêtres capitulaient à qui mieux mieux dans les mains des meneurs de l'élection radicale. Voilà l'idéal du gouvernement par les trois groupes.

Ainsi se relevaient jusque dans les plus obscurs villages les administrations républicaines, issues du 4 septembre et dont M. Thiers lui-même avait dû débarrasser le pays.

Je me souviens d'avoir entendu M. de Marcère — car le mal ne date pas du dernier ministère — répondre à ce reproche de capitulation à outrance en se vantant à la tribune de gouverner en effet aussi peu que possible. Que ce soit là une théorie bonne à expérimenter dans les temps de calme et d'accord parfait, l'école libérale n'a pas attendu M. de Marcère pour le proclamer ; mais qu'on ose le professer au lendemain de notre défaite, au lendemain de la plus horrible des guerres sociales, c'est à mériter d'être écarté du pouvoir comme le plus dangereux des ennemis publics ! Autant vaudrait affirmer avec M. Leblond que le mal de notre jeunesse, c'est d'être trop portée à la soumission et au respect, et dénoncer comme anti-patriotiques les écoles d'où sont sorties par légions les héros de la dernière guerre !

On dressera sans doute en détail et séance par séance, l'acte d'accusation de cette Assemblée qui a commencé par le long scandale des invalidations systématiques pour finir par un cri de haine et d'extermination contre toute une classe de citoyens. Il est vrai que cette classe de citoyens se compose des catholiques et du clergé, et que dès lors l'opinion publique est dispensée de toute justice, comme le gouvernement de tout courage. Reste néanmoins que si la guerre qu'on affectait de croire imminente eût éclaté, si le parlement italien ne se fût pas montré plus français que notre parlement radical, on est en droit de se demander qui aurait pu dans le premier moment sauver de la fureur populaire les prêtres et tous ceux qui sont suspects d'aller à la messe et de n'être pas insensibles aux malheurs immérités de Pie IX. L'ordre du jour parlementaire repoussé d'abord, puis lâchement accepté par le ministère, devenait ainsi, contre le gré de ses auteurs, une provocation officielle à l'assassinat. Et pourquoi cet effroyable danger de plus dans une situation déjà si chargée de sombres pronostics ? Pourquoi cette menace de nouvelles journées de septembre qui peuvent éclater demain ? Uniquement pour donner satisfaction aux plus odieuses passions de la gauche et pour prolonger de quelques heures la misérable existence du cabinet des trois groupes.

On ose chaque jour évoquer le souvenir de ce vote, non pas contre ceux qui en ont endossé la lourde responsabilité, mais contre ceux qui en seront peut-être plus tard les victimes. C'est là une tactique électorale à la hauteur de la tactique parlementaire que nous venons de qualifier. Heureusement que la lettre du cardinal-archevêque de Paris est là pour marquer les responsabilités, monument de sagesse et d'éloquence épiscopale qui s'est imposée un moment à l'admiration de nos ennemis eux-mêmes. Quand le jour de l'histoire impartiale sera venu, que trouvera-t-on au fond de ce débat si perfidement envenimé et grossi ? Quelques imprudences de paroles et de conduite que personne n'avait plus provoquées que les radicaux et dont personne n'a plus gémi que les catholiques.

Mais, cette abominable injustice n'est elle-même, ne l'oublions pas, qu'une dépendance, une démonstration de plus du grief principal articulé contre le ministère Jules Simon, à savoir l'anéantissement continu de l'autorité devant les exigences de la gauche. La dernière discussion sur le projet de loi municipale en a offert les exemples les plus mémorables et, suivant nous, les moins remarqués.

S'agissait-il de la gratuité du mandat de conseiller municipal ? Grande question, s'écriaient les orateurs de la gauche, question de principes ! Il faut que tous les membres des conseils municipaux soient payés pour que tout le monde puisse en faire partie. Autrement, c'est le privilége pour les riches, c'est le cens indirectement rétabli ! Pourquoi les députés reçoivent-ils une indemnité, si les autres élus du suffrage universel n'en doivent recevoir aucune ? L'urne électorale doit luire pour tout le monde comme la république et comme le soleil. On demande seulement que les rayons sortent de la caisse du budget et

que la commune n'aille pas s'imaginer qu'on va
la servir pour rien. C'est là un préjugé aristocra-
tique des plus arrogants et des plus nuisibles.
Cinq francs par séance et par conseiller ne se-
raient pas la ruine du trésor municipal et suffi-
raient peut-être pour permettre à chaque élu
d'aller achever au cabaret sa journée perdue par
pur patriotisme.

Vous croyez peut-être que le gouvernement va
saisir cette occasion pour déclarer qu'il ne tient
pas du tout à ce que tout le monde soit du conseil municipal ; que le soin des affaires communales a regardé jusqu'à présent ceux qui peuvent
faire aux intérêts publics le très-modeste sacrifice
de quelques journées ou mieux de quelques heures de leur temps; que de telles fonctions, relevées
traditionnellement par la gratuité, risqueraient
d'être aviliés par le salaire ; et qu'enfin les choses
ayant marché ainsi depuis des siècles et n'ayant
pas trop mal marché pour les communes, il n'y
a pas lieu de tenter une expérience qui aurait
pour résultat certain de grever les budgets lo-
caux, et pour résultat probable d'affaiblir la
composition déjà si médiocre des assemblées
communales.

Sans doute, le gouvernement aurait pu dire
ces choses et bien d'autres, mais il a préféré ne
rien dire du tout et laisser le rapporteur, M. Jules
Ferry, se débattre, comme il a pu, contre les
hyperboles de la logique démocratique. — Qu'en
est-il advenu? Que si M. Talandier, l'homme aux
5 francs par jour, a été battu, M. Naquet, qui ne
veut pas se contenter d'une indemnité pour les
représentants des villes, garde l'espoir fondé
d'une victoire à la seconde lecture.

S'agit-il non plus de la gratuité, mais de la durée des fonctions municipales ? Autre question de

principes et qui divise les dieux de l'Olympe radical ! Un an ! disent les uns, c'est tout ce qu'on
accorde dans la grande république-sœur de l'autre côté de l'Atlantique. Il est bon que le citoyen
des couches inférieures s'habitue à voter souvent, à voter sans cesse, dût-on le déranger autant qu'un membre du conseil municipal et l'in-
demniser comme lui ! L'infortuné rapporteur —
toujours, M. Jules Ferry, — propose et défend
le terme de quatre ans. Mais savez-vous par
quels arguments ? Il s'applaudit, comme tous les
vrais républicains, de la destruction dans les
communes des influences traditionnelles. Les
anciennes classes dirigeantes ont fait leur temps,
place aux nouvelles couches ! En d'autres termes,
la société issue de 89 est finie, tout comme l'an-
cien régime ; place au prolétariat ! place au
nombre ! — Pourquoi donc s'oppose-t-on à la
réélection annuelle qui se pratique avec tant de
succès, aux États-Unis ? Parce que dans le cours
d'une seule année les élus des couches nouvelles
n'auraient pas le temps d'acquérir ce qui leur
manque, l'expérience des affaires. Laissez-les, au
début de notre république, se former par un
stage politique et municipal de quatre ans, et
vous verrez que de talents, que de capacités,
d'esprits laborieux vont surgir de ces bas-fonds
si dédaignés !

Ce serait vraiment à ne pas croire à de si pau-
vres et de si lâches raisons, si l'*Officiel* n'était
pas là (1). Mais on sait depuis longtemps quel
humiliant tribut les chefs démocratiques ont dû
payer aux inepties et aux appétits de leur parti.
Quant au gouvernement, c'était bien le cas de
parler, n'est-ce pas ? ne fût-ce que pour prévenir
honnêtement le peuple qu'on se moque de lui,

(1) Séances des 8, 9 et 13 mai 1877.

et que ces motifs à lui, gouvernement, pour vouloir une durée de quatre ans, sont pris ailleurs que dans le vieil arsenal démagogique.

Mais il fallait avoir le courage de déplaire au groupe de M. Duportal et à la moitié au moins du groupe de M. Gambetta, et le ministre s'est tu.

Est venue enfin cette stupéfiante discussion sur la publicité des séances des conseils municipaux dont le monde politique a fini par s'émouvoir. En un tour de scrutin et après un débat tout à fait digne de ceux que nous venons de rappeler, la Chambre des députés a transformé en clubs nos trente-six mille assemblées communales. Cette fois, le gouvernement a été non-seulement muet, mais absent. Je me trompe ; à force de chercher dans les couloirs du palais de Versailles, quelques amis du ministère plus préoccupés que lui-même du soin de sa diguité et peut-être de son existence, ont fini par découvrir un sous-secrétaire d'Etat, M. -Méline, qui est venu dire en deux mots et de façon à ne gêner personne, qu'il croyait devoir faire ses réserves pour la seconde lecture.

En attendant, la publicité était votée, et l'on juge que de Mirabeau de village ont dû ce soir-là bénir la majorité républicaine qui venait de leur donner enfin une tribune !

De ce concubinage public entre le ministère et la gauche sortait pour le pays l'enseignement le plus désastreux qui puisse être donné en temps de révolution. On ne savait plus où était le vrai, le juste, ni même le possible en politique. Par son parti pris d'accommodement quand même, par son silence plus encore que par ses paroles, le gouvernement proclamait chaque jour que les revendications des intransigeants eux-mêmes étaient non pas absurdes, non pas antisociales, non pas criminelles, mais seulement prématurées. Dès lors leur triomphe complet n'était plus qu'une affaire de temps. A qui le lendemain est assuré, on ne peut longtemps refuser le jour qui passe, surtout quand le suffrage universel est le seul juge de l'opportunité, le seul défenseur des intérêts à ménager. Aussi les progrès de la déraison et de la démoralisation devenaient-ils de jour en jour plus inquiétants. Tous les signes étaient funestes. Les élections, tant législatives que municipales, allaient au pire, comme on a pu s'en convaincre à Bordeaux, à Avignon, à Marseille et autres lieux. Quant à la presse, elle ne se sentait ni satisfaite ni désarmée par l'attitude humiliée du pouvoir, mais elle avait dépassé toutes les limites connues de la licence enragée et de l'agression sauvage. On voudra bien remarquer que de tous les journaux qui se sont fondés depuis un an et qui ont cherché à capter la faveur populaire, il n'en est pas un qui n'ait eu recours, comme moyen irrésistible, à l'apologie de la Commune.

C'est à la France à décider s'il lui convient de rester sur cette pente et de glisser vers le radicalisme légal. L'acte de vigueur du Maréchal n'a eu d'autre but que de lui fournir l'occasion de se sauver par elle-même. Il faut qu'elle parle promptement et nettement. Les questions de vie ou de mort doivent être posées et résolues sans temps perdu et sans équivoque.

III

Etre clair cette fois ne sera d'aucun mérite ; car, dès le premier jour, le débat a été circonscrit entre deux politiques parfaitement simples, attestées l'une et l'autre par deux pièces maîtresses et qui ont tout dit. Je veux parler du message du Maréchal et du message des trois gauches.

L'un est le grand programme social ; l'autre est le vieux programme des partis. Le message dit aux conservateurs : Unissez-vous pour sauver la société ; le manifeste crie aux révolutionnaires de toutes nuances : Unissez-vous pour sauver la Chambre du 20 février ! Il ajoute bien aussi : pour sauver la République. Mais il n'y a qu'un malheur, c'est que la République n'est pas en question et que personne n'a songé à porter la main sur elle.

Le Maréchal rappelle au contraire avec quel scrupule il s'est conformé jusqu'ici aux prescriptions de la loi constitutionnelle et se déclare fermement résolu à la respecter et à la maintenir jusqu'en 1880. Comme de lui seul pourrait venir pendant cette période une proposition quelconque de révision, il en résulte très-certainement que rien n'est changé ni ne doit l'être, dans la situation légale. Il y a une constitution qui établit la République ; il y a une loi reproduite par cette constitution qui défère pour sept ans, c'est-à-dire jusqu'au 20 novembre 1880, la présidence de cette République au maréchal de Mac-Mahon. Et remarquez que le message se garde bien de réveiller par un seul mot l'éternel et stérile conflit entre les diverses formes de gouvernement. Il se mettrait ainsi en trop évidente contradiction avec son but unique qui est, je le répète, l'union de tous les partis conservateurs contre l'invasion du parti radical.

Là est l'ennemi ! Là est le péril ! S'il y a des partis qui cherchent leur propre triomphe dans un coup d'Etat, nous déclarons résolûment que nous ne sommes pas avec eux. A nos yeux, la première condition de la paix civile, c'est non pas l'abdication mais la trève loyale. des partis et leur accord momentané dans le service du Maréchal et de la France. Là est le point, le seul point en question, suivant un mot du message. Nous ne voulons, ni les uns ni les autres, ni pour aujourd'hui, ni pour demain, ni pour jamais, de l'application à notre pays des théories radicales. Prenons donc le seul moyen de l'empêcher qui est de rester unis, et le seul moyen de rester unis, qui est de garder le Maréchal et la République.

On parle beaucoup dans le message comme dans le manifeste de la volonté de la nation. Malheureusement et en dépit de l'appel au scrutin, on ne parviendra jamais à s'entendre sur le sens complet de cette prestigieuse expression. Chaque journal se fait ou se promet de faire une nation à son image. Mais il y a un point plus que certain et plus que démontré, c'est que le pays répugne invinciblement aux calculs, aux réticences, aux divisions, aux rancunes et à l'impuissance des partis. Pour en avoir étalé trop souvent l'écœurant spectacle, l'Assemblée de 1871 a mérité, malgré ses grands services, de venir échouer devant le scrutin du 20 février 1876. Que cette leçon nous profite, si nous ne voulons pas qu'elle se renouvelle ! Il n'y aura, il ne doit y avoir aux prochaines élections que deux sortes de candidats : les candidats du message et les candidats du manifeste. Toute autre qualification doit être proscrite comme favorable à nos adversaires.

Que pourrait-on dire contre les candidats du message ? Rien de plus considérable que les calomnies et les sottises qui encombrent déjà les feuilles de la coalition révolutionnaire. *L'ennemi, c'est le cléricalisme !* s'est écrié M. Gambetta. Et voilà qu'à l'avance tous nos candidats deviennent des cléricaux, et que des journaux qui devraient respecter leurs lecteurs, comme *les Débats* et *le Temps*, se mettent d'accord avec la *Lanterne* ou le *Rappel* pour affirmer que le mot d'ordre du 16 mai est venu de Rome. Pas un des coalisés qui puisse croire le premier mot de cette incompréhensible ineptie, mais pas un qui se prive de la répéter. Il faut bien montrer au suffrage universel que plus on fait cas de ses suffrages, moins on fait cas de son bon sens !

Et si nous allions prétendre, nous, que le mot d'ordre de la politique du manifeste est venu de Berlin ! Est-ce que les articles des journaux allemands qui remplissent les feuilles coalisées ne nous fourniraient pas plus d'une induction ? Est-ce que Berlin n'est pas le centre et M. de Bismarck le grand chef de la guerre contre l'Eglise ? Est-ce que toutes les mesures de violences prises contre les catholiques par le plus cruel des ennemis de la France n'ont pas eu les applaudissements de *la République française* ? Voyons, voulez-vous aller faire votre enquête à Rome, nous ferons la nôtre à Berlin, et nous verrons !

Que répondre encore à cette accusation si patriotiquement expédiée de Paris dans toutes les capitales étrangères, et d'après laquelle l'avènement des conservateurs au pouvoir aurait suffi pour compromettre notre sécurité extérieure? Osez donc dire tout de suite que c'est M. Gambetta qui rassure l'Europe et le maréchal de Mac-Mahon qui lui donne des inquiétudes ! Et les plantes du commerce ? Et la stagnation des affaires? Et la baisse des valeurs ? Est-ce que ce sont là des mots introduits dans la langue depuis le 16 mai ? Est-ce que nous ne les avons pas entendu retentir à la tribune en plein règne "de

M. Simon et en plein gouvernement de M. Gambetta ? Les quêtes pour les ouvriers sans travail ne sont donc pas de la même époque ? Laissez le gouvernement s'affermir de plus en plus dans le sens conservateur : commencez à l'affermir vous-mêmes par votre vote, et, si Dieu nous aide, si les affaires de l'Europe, comme nous y travaillons, tournent à la paix, vous verrez avant peu de mois une reprise d'affaires et de prospérité à défier les plus belles années de notre siècle.

Supposez, pour le malheur du pays, que les candidats hostiles au Maréchal, les candidats du manifeste, viennent à l'emporter : alors c'est le parti républicain qui reprend les affaires et qui les reprend comme une proie qu'il vient de se voir arracher d'entre les dents. M. Thiers — fût-il président — aurait juste autant d'influence sur ce gouvernement qu'il en a eu depuis quinze mois sur la Chambre des députés, où le public avait fini par oublier sa présence. M. Gambetta lui-même ne suffirait plus à imposer à ses amis quelque apparence de modération. Plus d'opportunisme ! Le centre gauche n'aurait qu'à se confondre avec la gauche pure et la gauche pure qu'à se réfugier dans la gauche extrême. Depuis les portefeuilles de ministres jusqu'aux plus humbles places de l'administration, tout serait livré aux vainqueurs. Il ne resterait en dehors d'eux, mais impuisant et condamné, que le Maréchal. S'il se retire, c'est le gouvernement complet, parfait et légitime des radicaux sous un président quelconque issu de la nouvelle majorité. S'il reste, au contraire, s'il s'obstine noblement à ne pas quitter le poste où nous l'avons mis, c'est la lutte sans trève, c'est le tiraillement de chaque jour entre les trois pouvoirs. Je demande à ceux qui se préoccupent sincèrement de la marche des affaires, jusqu'où tomberaient dans ces deux hypothèses la confiance et le travail ? Je demande à ceux que préocupe douloureusement notre attitude devant l'Europe qu'elle figure nous pourions faire dans le monde avec ce gouvernement à trois têtes irritées et cabrées les unes contre les autres.

Supposez au contraire le succès des candidats du message, des candidats du Maréchal, aussitôt tout se détend, tout reprend l'allure des jours paisibles. Ce n'est pas sans doute la paix complète, mais c'est l'apaisement. Et par quel miracle ? Tout simplement parce que la nouvelle Chambre, le Sénat et le Président se trouveront d'accord.

Entre ces deux politiques, l'une organisant le conflit, l'autre assurant l'ordre, la France va être appelée à choisir. En votant pour les candidats des trois gauches, on votera pour le conflit. En votant pour les candidats du Maréchal, vous voterez pour l'ordre et la prospérité à l'intérieur, pour notre sécurité et notre honneur au dehors, en un mot pour le prompt relèvement de la France.

Léopold de Gaillard.

Carpentras. — Imp. Paul TOURRETTE.